JN015930

海の一流料理人
サンジの満腹ごはん

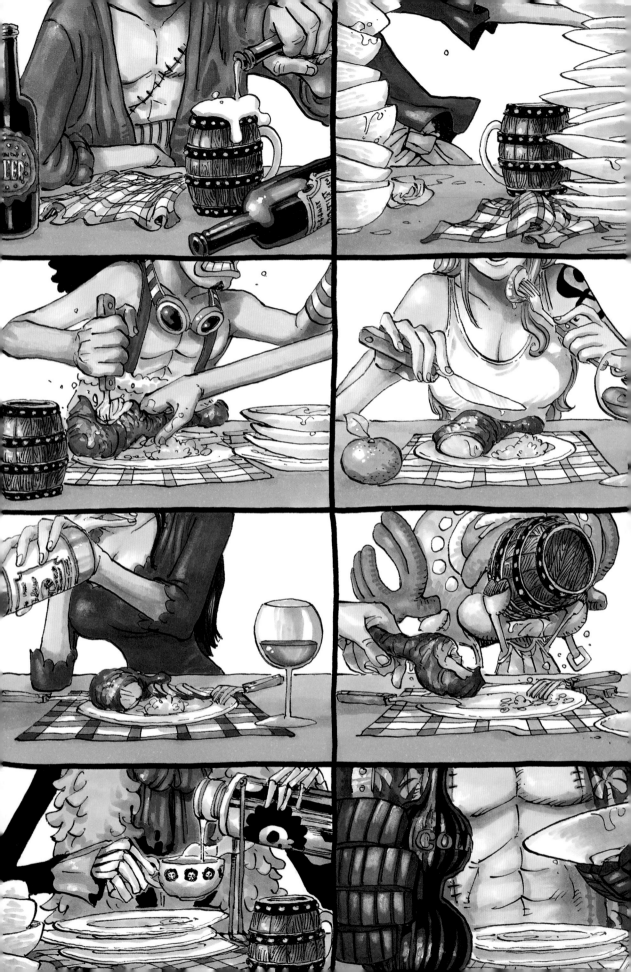

SANJI RECIPE

［サンジ レシピ］

PROFILE

麦わらの一味の台所を預かる海の一流料理
人。あらゆる食材を吟味し料理する腕前は天
下一品。師匠、赫足のゼフ譲りの足技も得
意。その一方、女性にはめっぽう優しい(弱い)。

おれの料理、食ったことあるか?
長年コックやってるし、海上では結構腕をふるっているんだが。
おれと仲間達は、今までの冒険の中でたくさんの食材に出会った。
で、今回、その調理法を特別に伝授しようと思い立ったワケだ。
レシピの中には、そっちの世界にない食材の料理もあるだろうから、
そのあたりは気にせず、似たような食材で代用してくれ。
何にしても味つけは保証する。
それと手順は、船内で作る時と同様手早くできるよう工夫した。
最後に…、料理は愛だ。
〝皮剥きでさえ、愛情を欠いては……、どんな料理もマズくなる〟
頑張ってくれ。

作り始める前に

● 各レシピ、材料は作りやすい分量になっています。
● 一流料理人の基本だしのとり方は94、95ページに掲載しています。または市販の素を湯や水で溶いたもので
　代用してもOKです。
● 大さじ1＝15㎖、小さじ1＝5㎖です。

シーチキン®は、はごろもフーズの登録商標です。

CONTENTS
[目次]

瞬間満

食いてェ奴には食わせてやる

ギンに出したチャーハン

腹ごはん

腹が減ってちゃ何にも始められねェ！ そんな時、瞬時にスタミナがつくパワーメシはどうだ？ 米にパン、パスタなんかは腹もふくれてパワー爆発！ あらゆるピンチを救ってくれるぜ。たらふく食ったか？ 元気になったろ？ よし、前に進もうじゃねェか。

メチャクチャまずい（うまい）
まかないスープ

ギンに出した
チャーハン

SANJI RECIPE

フライパン1つでできる
コンビーフ入り炒め飯！

[材料]　2人分
ご飯…360g　卵…2個
コンビーフ…1/2缶 (50g)
玉ねぎ…1/4個 (50g)
ブラウンマッシュルーム…4個
サラダ油…大さじ1　塩…小さじ1/2
黒こしょう…少々　しょうゆ…大さじ 1/2
万能ねぎ…適量

[作り方]
①玉ねぎはみじん切り、マッシュルームは
　石づきを取って薄切りに、万能ねぎは小
　口切りにする。
②サラダ油をひいたフライパンで玉ねぎの
　半量とマッシュルームを炒め、コンビー
　フも加えて炒める。
③②の具をフライパンの端に寄せ、空いた
　スペースにサラダ油(分量外)をひき、溶
　き卵を流す(A)。卵が固まる前にご飯を
　のせて手早く炒め、全体を混ぜる。塩、
　黒こしょうをふり、残りの玉ねぎを加え
　る。鍋肌からしょうゆを加え(B)、ひと
　混ぜ。皿に盛り、万能ねぎを散らす。

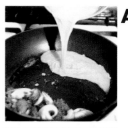

A

B

ささっと
炒めろよ!!!

…………!!!
面目ねェ
面目ねェ
面目ねェ!!

死ぬかと思った…!!
もうダメかと思った
……!!!

COMIC EPISODE

どんな相手であろうと、腹ペコ
な奴にはメシを出す。それが料
理人の仕事。サンジがギンに出し
たのは、手早く炒めた熱々の
チャーハン。サンジの心意気に、
〝鬼人〟の目からも涙が溢れ出す。
(巻五／第44話)

メチャクチャまずい(うまい)
まかないスープ

SANJI RECIPE

魚のあらや昆布の
だしで作る洋風おすまし

[材料] 2〜3人分
鯛のあら…1尾分 (約300g)
昆布…1枚 (10cm角) かぶ…2個
アスパラガス…6本 レモン…1/2個
水…1200ml 塩…小さじ2
しょうゆ…小さじ1弱

[作り方]
① 昆布を水に30分以上浸しておく。鯛のあ
   らは大きければ切り、沸騰したお湯に入
   れる。表面が白くなったら冷水にとり、
   血や汚れを洗う (C)。
② かぶはくし形、葉の部分は小口切りにす
   る。アスパラガスは下1/3のかたい皮を
   むき5cmに、レモンは輪切りにする。
③ 鍋に①の水と鯛のあらを入れ、沸騰した
   らアクを取り、弱火にする。かぶの実を
   加え (D)、アクを取りながら煮る。
④ 10分ほどしたらアスパラガスを加えて5
   分煮る。塩を加え、仕上げにしょうゆを
   たらす。器に盛り、レモンを浮かべ、か
   ぶの葉を散らす。

COMIC EPISODE

クリーク戦後にサンジが出した
まかないスープ。バラティエの
面々は敢えて「マズイ」と芝居を
打ったが、もちろん絶品だ。サ
ンジの"バラティエ"での最後の
仕事であり、旅立ちのきっかけ
となった。(巻八／第67話)

...このスープ
メチャクチャ
うめェのに
グビグビグビ

オイ何だ
このヘドロみてェな
クソまずいスープは
潰れちまうぜ!!

こんなもん
客に出されちゃ
潰れちまうぜ!!

決め手は昆布だしだ!!

C

D

うめェな!!!

砂漠越えの
海賊弁当

SANJI RECIPE

揚げずに焼く鶏の衣焼き

[材料] 4人分
鶏もも肉…2枚(約500g)
a｢ にんにく…1かけ　酒…大さじ1
　 塩…小さじ1　黒こしょう…少々
薄力粉…約大さじ4　サラダ油…適量
※ウインナー、ゆで卵は適量。

[作り方]
①鶏肉は脂や筋を取り除いて一口大に切る。
　にんにくはすりおろす。ボウルに鶏肉を
　入れ、aを加えてもみ、20〜30分おく。
②①に薄力粉をまぶし、中火で熱した油で
　両面を計4〜5分かけて揚げ焼きする。

トマト入りたらこスパゲティ

[材料] 2人分
スパゲティ…180g　水…2000mℓ
昆布…1枚(10cm角)　塩…10g
＜ソース＞
たらこ…60g(約1腹)
トマトのすりおろし…大さじ3〜4
バター…10g　刻みのり…適量

[作り方]
①鍋に水、昆布、塩を入れ、火にかける。
　たらこは薄皮から出し(A)、トマトはす
　りおろす。ボウルにたらことトマト、バ
　ターを入れておく。
②スパゲティを袋の表示通りにゆでたら、
　湯をきり、①のボウルに加えて和える
　(B)。味が薄ければ、ゆで汁(少々)を加
　える。器に盛り、刻みのりを散らす。

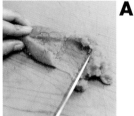

A

B

COMIC EPISODE

アラバスタのオアシス「ユバ」へ
出発。だが間もなくルフィの腹
が鳴り、サンジに海賊弁当を注
文。エネルギー補給が目的の海
賊弁当は、ルフィも大満足。パ
ワーが爆発する、スタミナご飯
なのだ!!(巻十八／第162話)

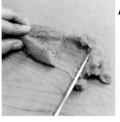

揚げずに焼く鶏の衣焼き

トマト入りたらこスパゲティ

お宝の山分け
サンドイッチ

SANJI RECIPE

海の食材が満タン!
3つの味のサンドイッチ

[材料]

< 卵とカニ > 3セット分
食パン(10枚切り)…6枚　卵…3個
ゆでガニのむき身(またはカニカマ)…60g
玉ねぎ…1/10個　マヨネーズ…大さじ2
バター…適量

< 洋風マグロ > 3セット分
食パン(10枚切り)…6枚
ネギトロ用マグロ(または粗みじん切り
にしたもの)…120g　塩…少々
ガーリックパウダー(またはおろしにんに
く)…少々　白こしょう…少々
オリーブオイル…小さじ1
バジル…2〜3枚　バター…適量
マヨネーズ…適量

< じゃがいもとシーチキン® > 2セット分
食パン(10枚切り)…4枚
シーチキン…1缶(80g)
じゃがいも…1個(150g)　バター…10g
塩…少々　黒こしょう…少々
中濃ソース…適量　マヨネーズ…大さじ1

[作り方]

①< 卵とカニ >熱湯で12分ゆで、かたゆで
　にした卵は、殻をむいて粗く刻む。カニ
　は手でほぐす。玉ねぎはみじん切りにし、
　水にさらして水気をしぼる。ボウルに卵、
　カニ、玉ねぎを入れ、マヨネーズで和え
　る(A)。食パンの両面にバターを塗り、
　具を3等分にし、食パンではさむ。

②< 洋風マグロ >ボウルにマグロを入れ、
　塩、ガーリックパウダー、白こしょう、
　オリーブオイルで和える。バジルをちぎ
　って加えたら(B)、具を3等分にし、片
　面にバター、もう片面にマヨネーズを塗
　った食パンではさむ。

③< じゃがいもとシーチキン >シーチキ
　ンは油をきる。じゃがいもは皮をむき、
　1cm厚に切ってゆで、ボウルに入れてバ
　ターを加えて粗くつぶす(C)。シーチキ
　ンと塩、黒こしょう、ソース、マヨネー
　ズを混ぜる。具を2等分にし、食パンに
　はさむ。

④それぞれのサンドイッチの耳を包丁で落
　とし、食べやすい大きさに切る。

COMIC EPISODE

空島から青海へ帰還した一味は、
次なる目的を決める会議を実施。
会議中のお口のお供は、サンジ
特製のサンドイッチだ。食が進
めば会議も進む。ウソップの口
からはグッドアイディアが出た
ぞ!!(巻三十二／第303話)

早く食べてェ…!!!

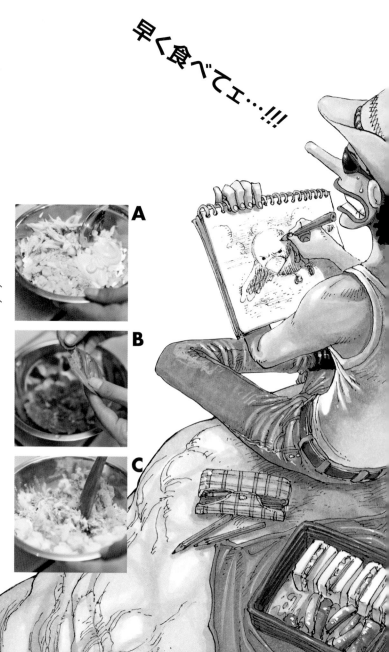

A

B

C

洋風マグロ

卵とカニ

じゃがいもとシーチキン®

レシピ

うちのクルーたちの最大のスタミナ源であり、最大の好物といえば、肉、肉、肉！ 食べごたえのあるワイルド系から、レディにもおすすめのあっさりヘルシー系までめくるめく肉の世界を味わってくれ！

ウォーターセブンの水水肉バーベQ

怪物サンドラ大トカゲの丸焼き

サンドラ大トカゲの丸焼き

怪物

COMIC EPISODE

サンディ島の砂漠に生息する、アラバスタ国内最大級の爬虫類。固い表皮と強靭な筋肉を誇る猛獣だが、ルフィ達にとってはごちそう!! 熱く焼けた岩場で丸焼きにし、ペロリと一気に平らげた!! （巻十八／第162話）

SANJI RECIPE

フライパンで作るローストビーフ

[材料] 作りやすい分量
牛もも肉（かたまり）…約400〜500g
にんにく…1/2かけ　塩…小さじ1
黒こしょう…少々　サラダ油…大さじ1
＜ソース＞
玉ねぎ…1/2個(100g)　にんにく…1/2かけ
酒…大さじ3　しょうゆ…大さじ2
バター…5g　酢…小さじ1/2〜1

[作り方]
① 牛肉は常温に30分おき、ソース用の玉ねぎとにんにくをすりおろす。焼く直前ににんにくの断面を肉にこすりつけ(C)、塩、黒こしょうをすりこむ。熱したフライパンにサラダ油をひき、肉の表面を中火で焼く(D)。フタをして弱火で約6〜8分焼き、裏返して約4〜5分焼く。
② フライパンから出し、アルミホイルに包んで約15分おき、余熱で火を通す(E)。
③ ソースを作る。肉汁がたまったフライパンに玉ねぎ、にんにく、酒を加える。沸騰したらしょうゆ、バターを加えて混ぜ、なじんだら火を止め、酢を加えて混ぜる。
④ 肉を薄めに切って皿に盛り、ソースを添える。わさびやからしを添えても。

水水肉バーベQ

ウォーターセブンの

COMIC EPISODE

ルフィが目を覚ましたその日、ウォーターセブンの仲間達と共に催された宴!! そのメインを飾る料理は、水水肉バーベQだ!! サンジの手による絶妙な火加減で、脂が滴る最高の仕上がりとなった!!（巻四十五／第433話）

SANJI RECIPE

牛肉をマリネ液に漬け込むだけ

[材料] 4人分
牛肉（サイコロ形）…500g　長ねぎ…1本
パプリカ（赤・黄）…各1/4個
ズッキーニ…1/2本
　水…50mℓ
　塩…大さじ1/2
　レモン…1/2個
a　にんにく…1かけ
　玉ねぎ…1/4個(50g)
　黒こしょう…少々
　サラダ油…大さじ1/2

[作り方]
① aのレモン、にんにく、玉ねぎはスライスする。ポリ袋に、牛肉とa（マリネ液）を入れてよくもみ、約1時間おく(A)。
② 長ねぎは3cm幅、パプリカは一口大に、ズッキーニは1cm厚に切る。
③ 串に①の肉と②の野菜を刺し、魚焼きグリルや焼き網などでひっくり返しながら、焼き色がつくまで両面焼く(B)。

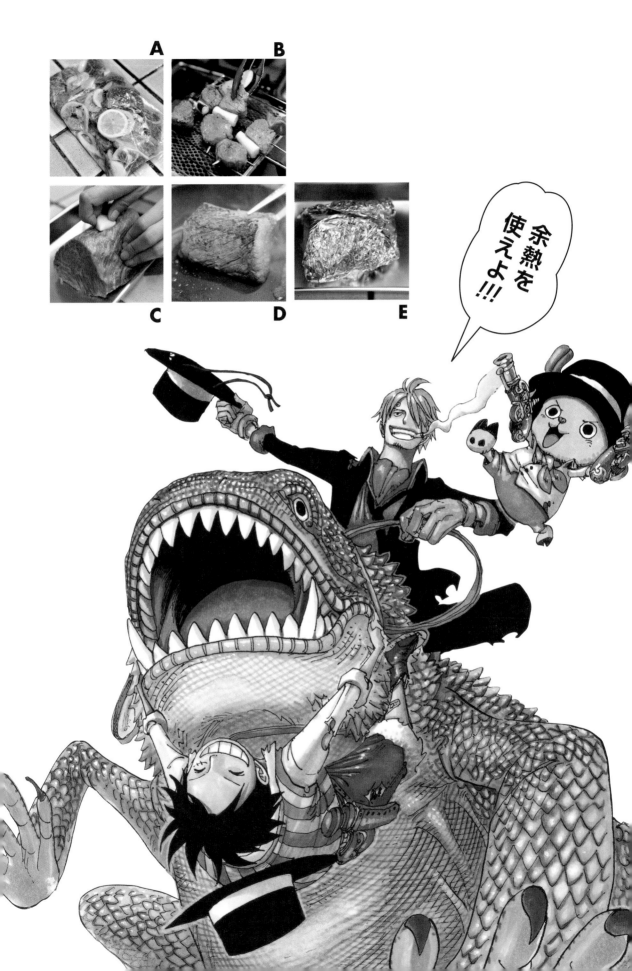

ルフィの大好物
骨つき肉

やっぱり肉だな!!!

COMIC EPISODE
サンジが出航してから初めての調理。ルフィから出たオーダーは「骨ついた肉のやつ!!!」。誰もがすぐさま連想してしまうあの骨つき肉は、ルフィの冒険には欠かす事のできないごちそうだ!!（巻八／第69話）

SANJI RECIPE
卵と鶏肉で作るスコッチエッグ

[材料] 4人分
手羽元…4本
ゆで卵…4個　生パン粉…30g
牛乳…大さじ2
a ┌ 鶏ひき肉…500g　塩…小さじ1
　└ 黒こしょう…少々　卵…1個
サラダ油…適量

[作り方]
①手羽元でチューリップを作る。持ち手になるほうから、キッチンバサミで骨から肉を切り離すイメージで肉や筋を切る(A)。骨の先端まで切り離したら肉をひっくり返す。
②生パン粉を牛乳に浸しておく。ボウルに入れて練ったaに加えてさらに練る。
③手羽元の肉の部分でゆで卵を包む(B)。おさまりが悪いときは、肉に切り込みを入れる。手に薄くサラダ油をつけ、②で手羽元と卵を包む(C)。
④200℃に予熱したオーブンで、様子を見ながら15〜20分焼く。

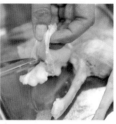

A

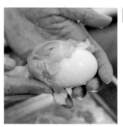
B

C

中身はこうなる!

SANJI RECIPE

スペアリブの蒸しレシピ

[材料] 4人分
豚スペアリブ…500g　塩…小さじ1/2
黒こしょう…少々　セロリ…1本
人参…1/2本(100g)　大根…1/4本
レタス…1/2個
<たれ>
長ねぎ…1/2本　ごま油…大さじ1
ポン酢…100mℓ　にんにく…お好みで

[作り方]
①ポリ袋にスペアリブ、塩、黒こしょうを
　入れてよくもみ、約1時間おく(A)。セロ
　リ、人参、大根はピーラーで薄くむく
　(B)。レタスは食べやすい大きさにちぎる。
②たれ用の長ねぎは粗めのみじん切りにす
　る。フライパンでごま油を熱したら、耐
　熱ボウルに入れた長ねぎにかけ、ポン酢
　を加えて混ぜる。
③湯気の上がった蒸し器でスペアリブを20
　分蒸す。肉が柔らかくなったら野菜も加
　えて蒸し(C)、火が通ったら、たれをつけ
　ながら食べる。お好みでおろしにんにく
　を加えても。

COMIC EPISODE

「水の都」と名高いウォーターセブンの名物。澄み切った水に漬けたその肉は、口に入れたらとろ〜りとろける!!　ほっぺたごとぽとり落ちそうなくらいに、「や〜わ〜ら〜け〜」肉として有名だ。(巻三十四／第324話)

ヤガラブルの好物 水水肉蒸し

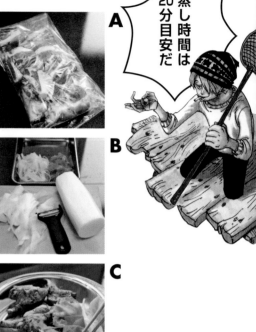

蒸し時間は20分目安だ

A

B

C

SANJI RECIPE

特製ピラフ入り、鶏の丸焼き

[材料] 4〜5人分
鶏…1羽(約2kg)
塩…小さじ1 黒こしょう…少々
玉ねぎ…1/2個(100g) サラダ油…大さじ1
水…50㎖
a ┌ ご飯…300g トマト…1/2個
　│ パセリ(みじん切り)…大さじ1
　└ 塩…小さじ1/2 黒こしょう…少々

[作り方]
①鶏肉は首骨を切り落とし、内臓がついて
　いればきれいに取り除き、水洗いする。
　水気をふき取り、内側と外側に塩、黒こ
　しょうをすりこむ。
②玉ねぎはスライス、aのトマトは角切り
　にする。aを混ぜて鶏に詰める(A)。詰
　め物が出ないよう、おしりを楊枝でとめ
　(B)、外側にサラダ油をすりこむ。
③耐熱性のバットに玉ねぎを広げ、鶏をの
　せる(C)。2等分にした首骨、水も加える。
　200℃に予熱しておいたオーブンに入れ、
　途中天板の前後を入れ替え、時々肉汁を
　鶏にかけながら計40〜50分焼く。焼け
　たらオーブンの中で10〜15分休ませる。
④天板にたまった肉汁をこし、ソースにす
　る。もし、玉ねぎが乾いていて肉汁が少
　なかったら、すべてを小鍋に移し、水(50
　〜80㎖ 分量外)を入れて沸騰させ、なじ
　ませてからこす。鶏を切り分け、ソース、
　お好みで塩、黒こしょうをふりながら食
　べる。

インペルダウンの **ハチ鳥の丸焼き**

うおっ!!
また天才的なレシピを
考えついちまった!!!

A

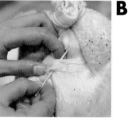
B

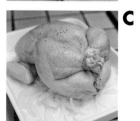
C

COMIC EPISODE

地獄に仏ならぬハチ鳥!? イン
ペルダウンのレベル3″焦熱地
獄〟。ルフィ達は、熱気に焼かれ
落下して来たハチ鳥を発見。こ
んがりローストされたハチ鳥は、
ルフィの格好のおやつとなった。
(巻五十四／第530話)

バカな
ドス!!
うわっ!!
焼き鳥が
降って
来た!!
シュワ〜…
ほかほか…

湖畔キャンプの
焼石シチュー

SANJI RECIPE

ルゥを使わずにできる
濃厚ポークシチュー

[材料] 4人分
豚肩ロース(かたまり)…600g
塩…小さじ1/2
黒こしょう…少々
にんにく…1かけ
マッシュルーム…6個
玉ねぎ…1/2個(100g)
サラダ油…大さじ1
バター…20g
薄力粉…25g
赤ワイン…400mℓ
鶏ガラスープ(P95参照)…400mℓ
ローリエ…2枚
レーズン…30g
ケチャップ…大さじ5

[作り方]
① 豚肉を1.5cm厚に切ってバットに入れ、塩、黒こしょう、薄力粉をまぶす(A)。にんにくは半分に切り、芽を取ったら包丁でつぶす。マッシュルームは半分に、玉ねぎは4等分のくし形に切る。

② 鍋にサラダ油、にんにくを入れて中火にかけ、香りが出たらにんにくを取り出し、バター(10g)を加える。バターが溶けてきたら肉とバットの薄力粉もすべて入れ、軽く焦げ目がつくまで両面焼く。

③ 赤ワインを加えたら、沸騰させてアルコールを飛ばし、鶏ガラスープ(B)、②のにんにくとローリエを加える。再び沸騰してアクが出たらローリエを取り除きアクも取る(C)。レーズン、ケチャップを加える。フタを少しずらして弱火で40分煮込む。

④ 熱したフライパンにバター(10g)を入れ、溶け出したらマッシュルーム、玉ねぎを加えて炒め、③の鍋に加えて20分煮込む。薄ければ、塩(分量外)で味をととのえる。

COMIC EPISODE

最高の料理人はサバイバルの達人でもある!! 空島サバイバル中の料理は、鍋に肉と野菜をぶち込んだシチュー。焼石で煮込めば具材に熱がバッチリ通り、旨味と栄養がスープに溶け込むのだ!!(巻二十七／第253話)

A

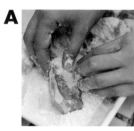

B

C

赤ワインとレーズンが決め手だ!!

アブサロムの!?
コロッケ

SANJI RECIPE

牛肉をたっぷり!
じゃがいもコロッケ

[**材料**]　10個分
じゃがいも…4個 (600g)
牛切り落とし肉…200g
玉ねぎ… 1/2個 (100g)
サラダ油…大さじ1/2　塩…小さじ1
黒こしょう…少々　バター…20g
薄力粉…適量　卵… 1〜2個
パン粉…適量　揚げ油…適量
キャベツのせん切り…適量
中濃ソース…適量

[**作り方**]

① 湯気が立った蒸し器でじゃがいもが柔ら
かくなるまで約40分蒸す。牛肉は2cm幅
に(A)、玉ねぎはみじん切りにする。

② 熱したフライパンにサラダ油をひき、中
火で牛肉を炒める。ある程度火が通った
ら、玉ねぎを加えて透き通るまで炒め、
塩 (小さじ1/2)、黒こしょうで味をつけ
る。バットに取り出し、粗熱をとる。

③ ①のじゃがいもが熱いうちに皮をむき、
ボウルに入れる。ヘラやお玉でつぶしな
がら、バター、塩 (小さじ1/2)を加えて
混ぜる(B)。②の牛肉と玉ねぎを加えて
混ぜ、バットに広げて冷ます。

④ ③を10等分して小判形に成形する(C)。
薄力粉、溶き卵、パン粉の順につけ、180℃
の油で、途中返しながら約3分揚げる。

⑤ 網とキッチンペーパーを敷いたバットに
取り出し、油をきる。皿に盛り、お好み
でキャベツのせん切りと、ソースを添え
る。

A

B

C

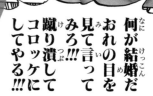

COMIC EPISODE
サンジの夢だった〝スケスケの
実〟。その能力を手に入れ、さ
らにナミをも奪おうとするアブ
サロム‼ 怒れるサンジは「コ
ロッケにしてやる‼」と必殺の
〝仔牛肉ショット〟で蹴りまくっ
た‼（巻四十八／第463話）

何が結婚だ
おれの目を
見て言って
みろ‼
蹴り潰して
コロッケに
してやる‼

油は
180℃!!!

隠し味 わかるか？

COMIC EPISODE
仲間と誇りを賭けた海賊のゲーム"デービーバックファイト"。そこで売られるのは、祭り時に食べたくなるフランクフルト!!一緒にラムやチーズ、ビスケット、塩漬け肉なども売られているぞ!!（巻三十三／第306話）

デービーバックファイトの
フランクフルト

A

SANJI RECIPE

自家製オイルが
隠し味の極上ポトフ

[材料] 4人分
フランクフルト…8本
じゃがいも（メークイン）…2個
人参…1本（200g）
キャベツ…1/2玉（600g）
玉ねぎ…小2個（240g）
鶏ガラスープ（P95参照）…2000mℓ
塩…小さじ2
a ┌ にんにく…1かけ
  └ オリーブオイル…大さじ1
パルメザンチーズ…お好み
黒こしょう…お好み

[作り方]
① 味がなじむよう、フランクフルトは切り込みを入れる。じゃがいもは皮をむいて半分に、人参は食べやすく4等分に切る。キャベツは4等分のくし形に切り、バラバラにならないよう楊枝や竹串でとめる。玉ねぎは皮をむき、丸ごと使う。aのにんにくはみじん切りにする。

② 鍋に鶏ガラスープ、塩、人参、玉ねぎを入れ、火にかける。沸騰したら弱火にし、20分たったらキャベツ、じゃがいもを加え、さらに約20分煮る。野菜が柔らかくなったら、フランクフルトを加えて10分煮る。

③ フライパンにaを入れて中火にかける。にんにくに色がついたら②の鍋に加え（A）、味が薄ければ、塩（分量外）を加える。お好みでパルメザンチーズや黒こしょうをふっても。盛り付けたら、キャベツの楊枝等をはずす。

早く食いてェんだよ おれは…

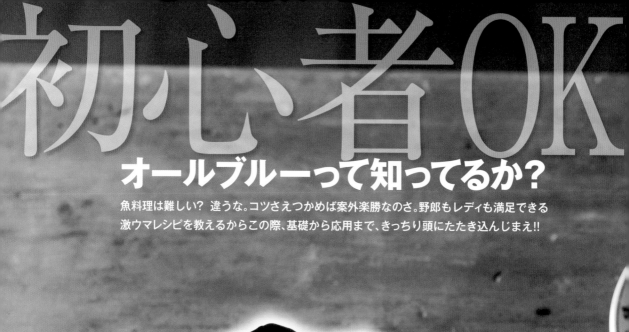

初心者OK

オールブルーって知ってるか？

魚料理は難しい？　違うな。コツさえつかめば案外楽勝なのさ。野郎もレディも満足できる
激ウマレシピを教えるからこの際、基礎から応用まで、きっちり頭にたたき込んじまえ!!

魚料理

シーフードリゾット

空島特産果物添え
スカイシーフード満腹コース

エビとホタテのマリネ

空島特産果物添え
スカイシーフード
満腹コース

SANJI RECIPE

エビとホタテのマリネ

[材料] 3～4人分
ホタテ(刺し身用)…6個
エビ(殻つき)…10尾
グレープフルーツ…1個
セロリ…1本(葉も使用)
紫玉ねぎ…1/2個(100g)
しょうが…1かけ(10g)
ライム果汁…1個分　白こしょう…少々
塩…小さじ1/2　オリーブオイル…お好み

[作り方]
①熱湯でホタテを30秒ゆでて冷水にとり
　(A)、縦半分に切る。エビは頭と背ワタを
　取り、殻つきのままゆでてザルに上げる。
　粗熱がとれたら殻をむき(B)、大きけれ
　ば半分に切る。グレープフルーツは皮を
　むき、薄皮もむく。セロリは筋を取って
　斜め切りに、紫玉ねぎは薄くスライス、
　しょうがはせん切りにする。
②ボウルにエビとホタテを入れ、ライム果
　汁と塩、白こしょうを加えて混ぜる。紫
　玉ねぎ、セロリ、しょうがを混ぜ、グレー
　プフルーツを加えて冷蔵庫で冷やす。
③ひと混ぜしてから器に盛り、セロリの葉
　を飾る。オリーブオイルをかけても。

 **A**

 **B**

 **C**

 **D**

SANJI RECIPE

シーフードリゾット

[材料] 2人分
生米…150g　　エビの頭…10尾分
ホタテ…4個　玉ねぎ…1/4個(50g)
ズッキーニ…1/4本　バター…20g
白ワイン…大さじ3　塩…小さじ1/2～2/3
白こしょう…少々
鶏ガラスープ(P95参照)…700ml
パルメザンチーズ(粉末)…大さじ2
ポーチドエッグ…お好み

[作り方]
①エビの頭をフライパンに入れ、ヘラでつ
　ぶしながら空炒りする(C)。鶏ガラスー
　プを入れ、沸騰したら、3分煮てこす。
②ホタテは1.5cm角、玉ねぎはみじん切り、
　ズッキーニは1cm角に切る。フライパン
　にバターを入れて玉ねぎを炒め、透明に
　なったら米を加える。米が透き通ってき
　たら(D)、ズッキーニと白ワインを加え
　る。アルコールが飛んだら①のスープを
　入れて強火にし、沸騰したら3～4ヶ所
　ふつふつ煮立つくらいの火加減を保つ。
　水分が少なくなったらスープを数回に分
　けて入れ、13～15分煮る(スープは使い
　切らなくてもよい)。
③米の芯が少し残った状態になったらホタ
　テを加え、塩、白こしょうをする。
④器に盛り、パルメザンチーズをかける。
　お好みでポーチドエッグをのせても。

さっとゆでろよ!!!

さァ出来たぞ!!!

"空島特産
果物添え
スカイシーフード
満腹コース"だ

んまほ
～～～!!!

COMIC EPISODE

空島に到着した麦わらの一味は、そこで出会った娘・コニスの自宅へお邪魔する事に。サンジはキッチンを借りて、空島の食材を使ってフルコースを用意。表現しがたい空島の美味に一同大満足!(巻二十六／第240話)

まるかじりだ!!

鼻がおいしい
エレファント・ホンマグロのソテー

SANJI RECIPE

焼いたカジキにほの甘い
特製ソースをたっぷり

[材料] 4人分
カジキマグロ…4切れ(約300g)
塩…少々　白こしょう…少々
オリーブオイル…大さじ1
＜ソース＞
玉ねぎ…1/2個(100g)
オリーブオイル…大さじ2
おろしにんにく…小さじ1/2～1
水…大さじ2　はちみつ…小さじ2
塩…小さじ2/3　しょうゆ…小さじ1
白すりごま…大さじ3

[作り方]
①マグロに塩、白こしょうをする。ソース
用の玉ねぎはみじん切りにする。熱した
フライパンにオリーブオイルをひき、マグ
ロを並べて両面を焼き、火が通ったら
取り出す (A)。
②ソースを作る。同じフライパンにソース
用のオリーブオイルを熱し、玉ねぎを炒
め、透き通ってきたら、にんにく、水、
はちみつ、塩、しょうゆ、白すりごまを
加える (B)。
③皿にマグロをのせ、②のソースをかける。

しかし料理のしがいがある魚だエレファント・ホンマグロ

A

B

COMIC EPISODE

〝偉大なる航路〟に無事突入し、
双子岬で航海の計画を練る一行。
その間サンジは、町で仕入れて
来た巨大マグロを豪快に調理す
る。魚の身には脂がのっており、
鼻の部分が特においしい。(巻
十二／第105話)

中身はこうなる！

COMIC EPISODE
空島を目指し、雲の上へ辿り着いた麦わらの一味。真っ白な海に生息する魚は、環境に合わせて独自の進化を遂げていた。初めて見る変わった姿に驚く一味だが、味のほうはルフィのお墨付き。(巻二十六／第237話)

んもぷ(おかわり)!!

白海産物

空魚のソテー

SANJI RECIPE

チーズをはさんだアジフライ

[材料]　4人分
アジ… 4 尾(600g)
モッツァレラチーズ… 1 個(100g)
塩…少々　白こしょう…少々
薄力粉…適量　卵… 1 個
パン粉…適量　サラダ油…適量
＜ソース＞
a 　トマト… 1 個　玉ねぎ… 1/4個(50g)
　　ケチャップ…大さじ6
　　酢…小さじ2
　　オリーブオイル…小さじ2
　　ペッパーソース…適量
紫玉ねぎ…適量　バジル…適量

[作り方]
① アジはフライ用におろす。モッツァレラチーズは半分に切り、8mm厚にスライスする。
② ソースのトマトと玉ねぎをみじん切りにしたら、aを混ぜておく。
③ アジに塩、白こしょうをふり、モッツァレラチーズをはさむ(A)。薄力粉、溶き卵、パン粉の順につける。
④ フライパンにサラダ油を1cmほど入れ、160℃に熱し、③のアジを入れる(B)。1回返して計5分ほど揚げ焼きにする。網とペーパーを敷いたバットに取り出し、油をきる。
⑤ 皿に薄くスライスした紫玉ねぎ、アジを盛り付け、ソース、バジルを添える。

A

B

猿山連合軍の
サンマのフルコース

COMIC EPISODE
麦わらの一味が空島を目指していると知った〝猿山連合軍〟は、ロマンを追い求める同志としてルフィ達を歓迎。ショウジョウが捕って来たサンマを豪勢に使って宴を開き、夢を熱く語る。
（巻二十五／第 229 話）

SANJI RECIPE

サンマのハニーマスタード

[材料] 3〜4人分
サンマ(刺し身用)…2尾　塩…適量
a ┌ 酢…150mℓ
　│ 砂糖…大さじ2
　└ 塩…小さじ1/2
b ┌ フレンチマスタード(または粒マスタード)…大さじ2
　│ はちみつ…大さじ1/2
　└ 酢…大さじ1/2
ディル…お好み

[作り方]
① サンマは3枚におろして水で洗い、水分を取る。身を上にしてバットに並べ、塩を多めにふり(A)、冷蔵庫で30分置く。a、bそれぞれ混ぜておく。
② ①のサンマについた塩を水で洗い、水気を取る。皮を上側にしてバットに並べ、aを注ぎ、冷蔵庫で20分置く。
③ ②のサンマの小骨を骨抜きで取る。頭側の背のほうから皮をはぎ(B)、一口大に切ったらbで和える。お好みで刻んだディルを加えても。

SANJI RECIPE

サンマのごまつきかば焼き

[材料]　2人分
サンマ…2尾　薄力粉…適量
白ごま…適量　れんこん…1節(140g)
ピーマン…2個
a ┌ しょうゆ…大さじ1
　└ 砂糖…大さじ1弱　酒…大さじ2
サラダ油…適量

[作り方]
① 3枚におろしたサンマの皮に薄力粉をつけ、身のほうに白ごまをまぶす(C)。れんこんは皮をむいて1cm厚の輪切りに、ピーマンは種とヘタをつけたまま4等分の輪切りにする。aを混ぜておく。
② 熱したフライパンにサラダ油をひき、れんこんとピーマンを中火で両面焼き、取り出す。
③ ②にサラダ油を足し、サンマを皮目から7割ほど焼き、ひっくり返して反対側も焼く。ペーパーで余分な油を吸い取り、ごまの面を上にし、②のれんこんとピーマンを戻したら、aをからめる(D)。

こいつァ絶品のサンマだ!!!

A

B
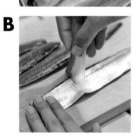

C
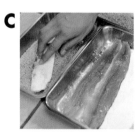

D

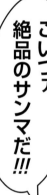

サンマのハニーマスタード

サンマのごまつきかば焼き

蒸らして旨味を
閉じ込めろよっ!

空島産 空サメの焼き物

SANJI RECIPE

〝鮭のちゃんちゃん焼き〟
のサンジ版!

[材料] 4人分
生鮭…3切れ(360g) 塩…少々
白こしょう…少々
キャベツ…1/4玉(300g)
玉ねぎ…1/2個(100g)
人参…1/2本(100g) サラダ油…少々
酒…大さじ1 砂糖…大さじ1と1/2
味噌…大さじ3 バター…20g
しょうゆ…大さじ1/2

[作り方]
①生鮭に軽く塩、白こしょうをする。キャベツはざく切り、玉ねぎは1cm幅にスライス、人参は短冊切りにする。
②熱したフライパンにサラダ油をひき、生鮭の皮目から中火で焼き色がつくまで2〜3分焼く。
③鮭をひっくり返し、キャベツ、玉ねぎ、人参を加えたら酒を回し入れる。砂糖、味噌をところどころにのせ、味噌の上にちぎったバターをのせる(A)。アルミホイルでフタをし、6〜7分蒸らす(B)。
④アルミホイルを外して鮭をくずし、全体を混ぜる。しょうゆを加えて火を止める。

A

B

COMIC EPISODE

二手に分かれていた麦わらの一味は、空島で得た情報を、それぞれ報告しあう。この日は、戦いで傷ついたメリー号を降りて湖畔でキャンプ。いつもとは違うアウトドアで、豪快な料理が並ぶ。(巻二十七／第252話)

人魚姫に食べて貰いてェ!!!

マーメイドカフェの

ワカメのブリュレ

とにかく
行こうぜ
マーメイド
カフェ〜!!!

貝は肉じゃ
ねェ!!!
肉を
ナメんな!!!

あ!貝のお肉は
あるよ!
ホタテサンドに
シジミピザ…

人魚は
お肉もお魚も
食べないから
メニューは
ワカメブリュレ…
モズクタルト…
コンブスフレ…

そうだよ
中に
パッパグが

COMIC EPISODE

魚人島に到着したルフィ達は、友達の人魚・ケイミーが働くカフェへ。だが、ケイミーが紹介した店のメニューには、肉料理が一切なし!肉好きなルフィには、納得できないラインナップだ。(巻六十二／第610話)

SANJI RECIPE

ワカメ入りのソースの
プチリッチな茶碗蒸し

[材料]　100mlの茶碗蒸し4個分
卵…2個
昆布とかつおの合わせだし(P94参照)…
300ml　塩…小さじ1/2　みりん…小さじ1
しょうゆ…小さじ1/3
鶏ささみ…2本(80g)
しょうゆ…小さじ1/2
＜ワカメあん＞
ワカメ…50g
昆布とかつおの合わせだし(P94参照)
…150ml　薄口しょうゆ…小さじ1
片栗粉…大さじ1/2

[作り方]
①ボウルに卵を割り入れ、だし汁、塩、みりん、しょうゆを加えて混ぜる。鶏のささみは削ぎ切りにし、しょうゆで和える。
②器に鶏肉、卵液を4等分にして加え、表面に気泡ができたらスプーンですくう(A)。
③器にアルミホイルでフタをし、湯気の上がった蒸し器で15〜20分蒸す(B)。
④ワカメあんを作る。鍋にだし汁、薄口しょうゆ、片栗粉を加えてよく混ぜながら弱火にかける。とろみがついたら刻んだワカメを加えて火を止め、③にかける。

A

B

COMIC EPISODE
ケイミーの友達・パッパグは、ルフィに〝海獣の肉〟が主食だとワイルドに豪語。だが本当の好物は、ケイミーの家周辺で採れる蛤♥ ケイミーに毎日届けてもらうのが楽しみ。(巻六十二／第610話)

A

B

ケイミーの
おいしいハマグリ

SANJI RECIPE

クリーミーな酒蒸し

[材料] 4人分
ハマグリ(またはアサリ)…500g
玉ねぎ…1/4個(50g)　にんにく…1かけ
白ワイン…100ml　白こしょう…少々
バター…大さじ1　生クリーム…50ml
イタリアンパセリ…適量　ご飯…お好み

[作り方]
①ハマグリは海水程度の濃度の塩水につけて2〜3時間、アルミホイルなどをかぶせて暗くし、砂抜きをする。
②玉ねぎはみじん切り、にんにくは縦半分に切って芽を取り出し、包丁の腹でつぶす。イタリアンパセリは粗く刻む。
③フライパンに、ハマグリ、玉ねぎ、にんにく、白ワインを入れ、火にかけてフタをする。口が開いてきたら、白こしょうをふり、バターを加え、仕上げに生クリームを混ぜる(A)。皿に盛り付けたらイタリアンパセリを散らす。残った汁を再び火にかけ(B)、ご飯を加えてリゾット風にしても。

C

つまみに最適!
タコのスライス

SANJI RECIPE

酸味が効いたタコのつまみ

[材料] 4人分
タコ…150g　玉ねぎ…1/4個(50g)
酢…大さじ1/2　塩…ふたつまみ
オリーブオイル…大さじ1
パプリカパウダー…少々

[作り方]
①玉ねぎはみじん切りにし、水にさらす。タコはななめにスライスして(C)、皿に並べる。
②酢に塩を加えて混ぜ、さらにオリーブオイルを混ぜる。
③タコに②をかけ、水気をきった玉ねぎを散らし、パプリカパウダーをふる。

酒がすすむぜ!!!

COMIC EPISODE
ナミを航海士として利用し、苦しめてきたアーロン一味に、麦わらの一味が真っ向勝負。開戦後、攻撃体勢に入ったタコの魚人・はっちゃんを前に、サンジが料理人らしく即席タコ料理を紹介する。(巻十／第83話)

ケイミーのおいしいハマグリ

つまみに最適! タコのスライス

ヘルシー野

とにかく1に野菜! 2に野菜! 3に野菜!!

野菜には、体はもちろん、心もキレイにしてくれる秘薬が入っているみてェだ。そこで全てのレディの為に、低カロリーでも満足できる、超絶品のレシピを作ってみた。どれも簡単、手早く作れるから毎日食べてくれ。

菜レシピ

黄金探しの空島弁当

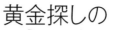

黄金探しの
空島弁当

SANJI RECIPE

野菜がモリモリ入った満足弁当

[材料] 3〜4人分
カラフル鮭ご飯
＜ご飯＞
生米… 2合
甘塩鮭… 1切れ (約100〜120g)
人参… 1/3本(65g)
油揚げ… 1枚 (40g)
しめじ… 1/2パック(80g)
薄口しょうゆ… 大さじ1/2
塩… 小さじ1/2
昆布… 1枚(10cm角)
＜具＞
パプリカ(赤・黄)…各1/2個
いんげん…10本　空豆…80g
サラダ油…小さじ1　塩…ふたつまみ
砂糖…小さじ1/2　水…大さじ2
しょうゆ…小さじ1/2〜1

＜厚揚げのハムサンド＞
[材料] 2人分
厚揚げ…1丁　ハム…2枚
薄力粉…適量　サラダ油…適量
しょうゆ…小さじ1/2〜1

塩ゆでしたブロッコリー…適量

COMIC EPISODE

郷に入りては郷に従え。空島での冒険には、島で採れた珍味で弁当を製作。いつもの海賊弁当とはひと味違い、野菜もたっぷりなヘルシー弁当だ‼ 女性用はエレガントに、彩りを重視している。(巻二十七／第253話)

空島弁当も
また
んまい
ですね〜

彼が初めて
"黄金郷"を
発見したのは
400年前

[作り方]

＜ご飯＞

①といだ米は浸水させておく。人参は2cm
　幅の拍子木切りに、油揚げはキッチンペ
　ーパーではさんで余分な油を取り、みじ
　ん切りにする。しめじは石づきを取って
　小房に分け、鮭は魚焼きグリルで両面焼
　く。

②炊飯器に米、薄口しょうゆと水（分量外）
　を2合の線まで注ぎ、塩、昆布を加え、
　①の人参、油揚げ、しめじ、鮭を加えて
　炊飯する(A)。

③ご飯が炊けたら、昆布と、鮭を取り出す。
　鮭は骨を抜き、身をほぐして炊飯器に戻
　し、全体を混ぜる。

＜具＞

①パプリカはヘタと種を除き、食べやすく
　切る。いんげんは3cm幅に切り、空豆は
　ゆでて薄皮をむく(B)。

②フライパンにサラダ油を熱し、パプリカ、
　いんげんを加え、しんなりするまで炒め
　る(C)。塩、砂糖、水を入れ、水気がな
　くなるまで炒めたら、しょうゆを加えて
　火を止める。弁当箱にご飯を詰めたら、
　パプリカ、いんげん、　空豆を飾る。

＜厚揚げのハムサンド＞

①厚揚げは1.5cm厚に切り、下側5mmを残し
　て真ん中に切り込みを入れる。厚揚げの
　大きさに合わせて切ったハムを挟み、薄
　力粉をまぶす(D)。

②サラダ油を熱したフライパンに①を並べ、
　両面を中火で焼く。しょうゆを絡ませ、
　火を止める。

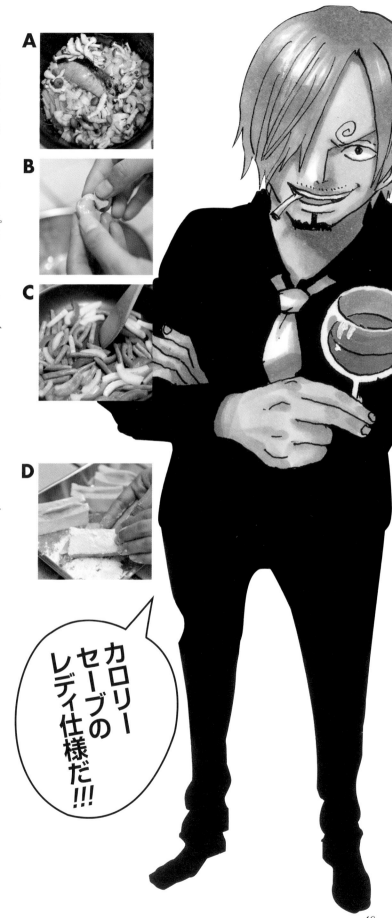

A

B

C

D

いい？
まず

ノーランドの
絵本のおさらいよ

カロリー
セーブの
レディ仕様だ！！！

レディの
ハートを撃ち抜く
ウマさだ!!!

SANJI RECIPE

バーニャカウダの和風版

[材料] 4人分
白菜…4枚(300g)
人参…1/2本(100g)
パプリカ(黄)…1/2個
＜ソース＞
マヨネーズ…大さじ6
味噌…大さじ2
牛乳…大さじ1〜2　七味唐辛子…適量

[作り方]
①ボウルに冷水を張り、白菜、人参、パプ
　リカがパリッとするまで浸す(A)。
②白菜の水気をきったら葉と芯に分け、葉
　は食べやすい大きさに、芯はスティック
　状に切る(B)。人参は皮つきのまま細長
　い乱切り、パプリカはヘタと種を除き細
　長く切る。
③ソースの材料を混ぜ、野菜につけて食べる。

ちょいと兄ちゃん
変なカオしてないで
水水ハクサイは
どっち買うんだい

ん!?
あ…
どっちもだ

あ…
それとよ
おばちゃん

この町の
旬の食材が
欲しいんだ
何がある?

COMIC EPISODE

食料の調達も、料理人の仕事!!
水の都ウォーターセブンで買い
出し中。サンジが購入したのは、
澄んだ水に浸した水水ハクサイ
だ。水水肉と同様、たっぷり含
んだ水が、ハクサイの甘味を引
き出す。(巻三十四／第326話)

A

B

水の都の
水水ハクサイ

女ヶ島の ワライダケ

SANJI RECIPE

ハーブが香るきのこ満載レシピ

[材料] 4人分
しいたけ…6個
しめじ…1パック(170g)
エリンギ…2個(90g)　ベーコン…3枚
サラダ油…大さじ1　ローズマリー…2枝
塩…小さじ1/2　こしょう…少々
バター…5g

[作り方]
①しいたけは石づきを取って1cm厚にスライスする。しめじは石づきを取り小房に分け、エリンギは約3cmの長さに切り、スライスする。ベーコンは7mm幅に切る。
②フライパンにサラダ油、ローズマリーを入れて中火にかけ(A)、香りが油に移ったら、ベーコンをサッと炒め、しいたけ、しめじ、エリンギを加えて混ぜる。フタをして弱めの中火で4分蒸し焼きにする。
③フタを取ったら塩を加えて全体を混ぜ、再びフタをして4〜5分、時々混ぜながら水分がなくなるまで蒸し焼きにする。味が薄ければ、塩(分量外)、こしょうで味をととのえ、バターを加えて混ぜ、火を止める。

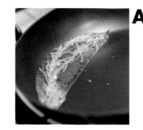

A

B

ヨサクが好きな モヤシいため

SANJI RECIPE

アンチョビ＆
にんにく入りの炒め物

[材料] 4人分
もやし…2袋(400g)
にんにく…2かけ
アンチョビ…6枚
オリーブオイル…適量
黒こしょう…少々　塩…少々

[作り方]
①にんにくはみじん切りに、アンチョビは細かく刻む。
②フライパンにオリーブオイル、にんにくを入れ中火にかける。きつね色になったらもやしを加え、強火で炒める。
③もやしが透き通ってきたら、アンチョビ、黒こしょうを加えて混ぜる(B)。味をみて薄ければ、塩で味をととのえる。

COMIC EPISODE
女ヶ島〝アマゾン・リリー〟。この島に飛ばされたルフィは、幼少時のサバイバル生活を思い出し、ワライダケを食べてみる。こみ上げる笑いに、ルフィの気分もだんだんハイになっていった!!（巻五十三／第514話）

COMIC EPISODE
ナミを追い〝アーロンパーク〟を目指すルフィ達!!　アーロンへの警戒を促すヨサクに対し、ルフィとサンジはメシのほうが大事。注文を問われると、ヨサクも思わずモヤシいためを大盛りで注文した!!（巻八／第69話）

いくら食っても安心だ!!

女ヶ島のワライダケ

ヨサクが好きなモヤシいため

初夏の じゃがいものパイユ

SANJI RECIPE
細切りポテトの揚げ焼き

[材料]　4枚分
じゃがいも…3個(450g)
シュレットチーズ…60g
サラダ油…適量　塩…適量

[作り方]
①細切りしたじゃがいもをボウルに入れ、チーズを混ぜる(A)。
②フライパンに多めの油を熱し、①を1/4量敷き詰め、弱火で約7〜8分焼き、裏返してさらに約7〜8分、両面がカリッとするまで焼く(B)。焼いている時、いじりすぎるとバラバラになるので注意。焼けたら、キッチンペーパーなどにはさんで油をしっかりきり、塩をふる。
③残りの3枚も同様に焼く。

さすがサンジ君！箸が止まらないわよ

A

B

焼く時 いじりすぎんなよ！

じゃがいものパイユ 作ってみたのですマドモアゼル よろしければ

COMIC EPISODE
ロングリング・ロングランドから出航したメリー号の船上。女性達にサンジが出した料理は、サクサクのパイユだ。じゃがいもを麦わら(パイユ)状に切り、油で揚げたこの料理は、船員に大好評!!(巻三十四／第322話)

元海賊シャッキーさんの
煮豆

SANJI RECIPE

スパイシーなチリコンカン

[材料] 4人分
牛ひき肉…200g
ホールトマト…1缶(400g)
レッドキドニービーンズ…1缶(432g)
玉ねぎ…1個(200g)　にんにく…1かけ
オリーブオイル…大さじ1
塩…小さじ2/3
チリパウダー…大さじ1/2

[作り方]
①玉ねぎ、にんにくはみじん切りにする。
②鍋にオリーブオイル、にんにくを入れて
　火にかけ、きつね色になったら牛ひき肉
　を加えて中火で炒める。色が変わったら、
　玉ねぎ、塩、チリパウダーを加え(A)、
　2～3分炒める。
③②にホールトマトをつぶしながら加え(B)、
　沸騰したらアクを取り、水気をきったレッ
　ドキドニービーンズを加えて約10分煮
　る。塩(分量外)で味をととのえる。

A

B

シャッキーさんこの煮豆…おいしいですね！

あ…そうだキミ達に飲み物

冷蔵庫漁っとる!!自分家か

COMIC EPISODE

シャボンディ諸島にあるシャッキー'sぼったくりBAR。一味の無作法者2名はいきなり冷蔵庫を漁り、ブルックが煮豆を貪る。シャッキー自慢の煮豆は、一度食べたら箸が止まらない家庭の味!!（巻五十一／第498話）

ニマメニマメ～!!!

トマトも豆もガッツリな!!!

大満足ガッ

みんな無事でよかった!

ツリ飯

さぁメシにするぞ！

ハンバーガー、カレー、焼きそば…
この大胆かつヘビーな料理は、どん
なに腹が減っているクルーでも、絶
対に満足させる自信がある。全員を
骨抜きにしちまう秘技が満載だ。

麦わらチーム絶体絶命！
モンスターバーガー

59

A

B

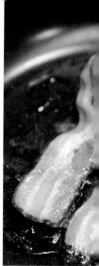

麦わらチーム絶体絶命!
モンスターバーガー

SANJI RECIPE

超ボリュームハンバーガー

[**材料**] 4人分
ハンバーガー用バンズ… 4個
合びき肉…600g　トマト…1個
紫玉ねぎ… 1/4個 (50g)　ピクルス…適量
サラダ油…適量　塩…少々
黒こしょう…少々　チェダーチーズ…4枚
ベーコン…4枚　レタス…4枚
マヨネーズ・マスタード・ケチャップ
…各適量

[**作り方**]
① トマトは1cm厚に切り、紫玉ねぎとピクルスはスライスする。
② 合びき肉を4等分し、1つずつラップに包んで強く押し(A)、1cm厚の丸形に成形する。
③ フライパンにサラダ油を熱し、肉を並べて塩、黒こしょうをし、中火で約1分半焼く。裏返して塩、黒こしょうをし、約1分半焼く(B)。弱火にしてチーズをのせ、フタをして約1分焼いて取り出す。同じフライパンにベーコンを並べ、両面を返しながら中火で焼く(C)。
④ バンズは横半分に切り、トースターで軽く焼く。マヨネーズとマスタードを塗り(D)、ベーコン、肉、紫玉ねぎ、レタス、トマト、ピクルス順にのせ(E)、ケチャップを。最後にバンズではさむ。

卵なしで
作れるんだ!!

C **D** **E**

COMIC EPISODE

仲間を賭けて戦うゲーム〝ダービーバックファイト〟に挑む麦わらの一味。ゾロとサンジの相手・グロッキーモンスターズは、凶器を使った３連続の攻撃で、二人をミンチにしようと襲い掛かる！（巻三十三／第312話）

61

トムズ ワーカーズ
ココロのカレーライス

SANJI RECIPE

スパイスたっぷり!
インド風本格派テイスト

[材料] 4人分
<具>
鶏もも肉…2枚(500g)　塩…小さじ1
黒こしょう…少々　じゃがいも…2個(300g)
人参…1本(200g)　バター…20g
ご飯…茶碗4杯分
<ソース>
にんにく…2かけ　しょうが…1かけ(10g)
玉ねぎ…1個(200g)
セロリ…1本　トマト…2個
サラダ油…大さじ3
はちみつ…大さじ1/2　薄力粉…大さじ3
カレー粉…大さじ3
鶏ガラスープ(P95参照)…700mℓ
ローリエ…2枚　塩…小さじ1と1/2
ガラムマサラ…大さじ1/2
ご飯…茶碗4杯分
らっきょう・福神漬け…各お好み

[作り方]
①鶏肉は一口大に切って塩(小さじ1)、黒こしょうをし、じゃがいもと人参は皮をむいて乱切りに。にんにく、しょうが、玉ねぎ、セロリはみじん切り、トマトはざく切りにする。
②フライパンにサラダ油(大さじ1)をひき、にんにくとしょうがを中火で炒め、香りがたってきたら玉ねぎ、セロリを加え、しんなりするまで炒める。はちみつを加え、少し色づくまで炒める(A)。
③②にサラダ油(大さじ2)を加えて弱火にし、薄力粉とカレー粉を加えて約5分炒める。トマトを加え(B)、時々混ぜながら2〜3分炒める。
④トマトから水分が出たら、鶏ガラスープを2〜3回に分けて入れ、その都度よく混ぜる。沸騰したらアクを取り、ローリエと塩(小さじ1)を加え、弱火で煮る。
⑤フライパンにバター(10g)を熱し、①の鶏肉を加える。中火できつね色になるまで焼き、④の鍋に加える。
⑥⑤のフライパンにバター(10g)を熱し、じゃがいも、人参を炒める。じゃがいもの表面が透き通ってきたら④の鍋に加え、時々混ぜながら弱火で30〜40分、とろみがつくまで煮る。残りの塩で調味し、ガラムマサラを混ぜ、火を止める。
⑦皿にご飯を盛り、カレーをかける。らっきょうと福神漬けを添える。

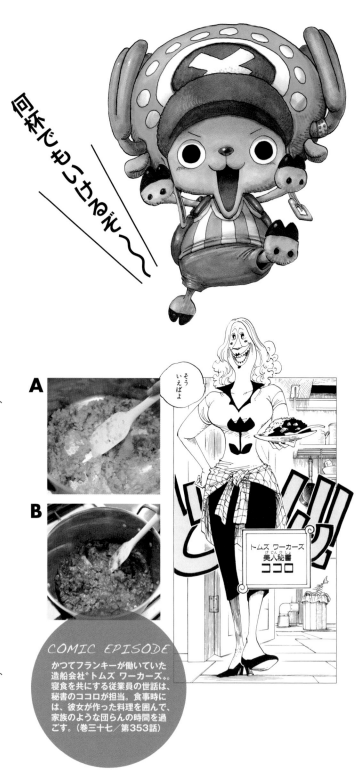

いえばよ

そう

トムズ ワーカーズ
美人秘書
ココロ

COMIC EPISODE
かつてフランキーが働いていた造船会社〝トムズ ワーカーズ〟。寝食を共にする従業員の世話は、秘書のココロが担当。食事時には、彼女が作った料理を囲んで、家族のような団らんの時間を過ごす。(巻三十七／第353話)

A

B

わー

わー

誓(ちか)う！！！

COMIC EPISODE

デービーバックファイトの会場は、様々な屋台が並んでお祭り騒ぎ。主催のフォクシー一味に、愛馬を傷つけられた島の住人・トンジットも、イベントを満喫中。ルフィも焼きそばをガッツリ！（巻三十三／第306話）

デービーバックファイト

何だ何だ！？
初めて
食う味だぞ！！！

屋台の焼きそば

SANJI RECIPE
ナポリタン風味の焼きそば

[材料] 2人分
焼きそば用の麺…2玉　豚バラ肉…100g
キャベツ…3枚(150g)
玉ねぎ…1/4個(50g)　ピーマン…2個
サラダ油…大さじ1と1/2
中濃ソース…大さじ2〜3
ケチャップ…大さじ2〜3　塩…適量
こしょう…少々　福神漬け…適量

[作り方]
① 豚バラ肉は3cm幅、キャベツは1cm幅に、玉ねぎは5mm幅にスライスする。ピーマンは縦半分に切って種を取り、8mm幅に切る。麺はザルに入れ、湯をかける(A)。
② フライパンにサラダ油(大さじ1)を熱し、野菜をさっと炒めて取り出しておく。
③ ②のフライパンにサラダ油(大さじ1/2)を熱し、豚肉に塩(ひとつまみ)を加えて炒める。脂が出てきたら麺を入れ、焼きつけるように炒める(B)。
④ ②の野菜を戻し、ソースとケチャップを合わせたものを加えて混ぜる。味をみて塩、こしょうをする。皿に盛り、福神漬けを添える。

デービーバックファイト
タダのきつねうどん

デービーバックファイト
タダのいなり寿司

デービーバックファイト
タダのいなり寿司

SANJI RECIPE

甘辛く煮た油揚げに
ご飯を詰めたいなり寿司

[材料] 20個
油揚げ…10枚
<ご飯>
生米…3合　昆布…1枚(10cm角)
白ごま…大さじ1
ゆずの皮(すりおろし)…適量
<合わせ酢>
米酢…大さじ4と1/2
砂糖…大さじ1　塩…小さじ1
<油揚げの煮汁>
水…2カップ　酒…大さじ4
砂糖…大さじ4
しょうゆ…大さじ4
<酢水>
水…茶碗1杯に酢を少々加えたもの

[作り方]
<酢めし>
①合わせ酢の材料を混ぜる。
②といだ米を浸水させる。炊飯器に米、水
　(分量外)、昆布を加え、かために炊飯す
　る。ご飯が炊けたら昆布を取り出し、熱
　いうちに飯台へ移し、①の合わせ酢を一
　気に回しかける。米を切るように混ぜ、白
　ごま、ゆずの皮を混ぜる(A)。うちわで
　あおぎ、ぬれぶきんをかけて冷ます。
<油揚げ>
③油揚げは縦半分に切って菜箸や麺棒でこ
　ろがす(B)。中を開いて袋状にしたら、
　ザルに並べて湯をかける。冷水にとり、
　軽く洗ってから水気をしぼる。
④鍋に煮汁の材料を合わせ、中火にかける。
　ひと煮立ちしたら、③の油揚げを並べて
　入れ、落としブタをして弱火で約30分煮
　る。火を止め、味をなじませる(C)。
<包む>
⑤酢飯を4等分にざっくり分け、1ヶ所か
　ら5個ずつ作っていく。手に酢水をつけ、
　酢飯を手でふんわりまとめる。
⑥油揚げの汁気を軽くきり、酢飯を詰める(D)。

COMIC EPISODE

デービーバックファイト1回戦、
「ドーナツレース」のさ中。妨害
のスキを窺うフォクシーオヤビ
ン!! 部下達は、艶やかなキツ
ネ色のいなり寿司でルフィを誘
惑。油揚げの甘い香りで気を逸
らす。(巻三十三／第308話)

A

B

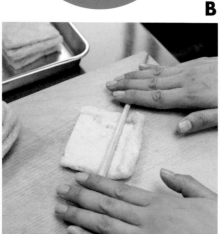

C

デービーバックファイト

タダのきつねうどん

COMIC EPISODE

「ドーナツレース」からルフィの気を逸らす為、いなり寿司と一緒に出したきつねうどんっ!! 乗っているのはおつゆをたっぷり含んだ油揚げ!! アツアツの湯気と共に、ルフィの鼻孔をくすぐる!!（巻三十三／第308話）

ダシのウマさに
惚れ惚れするぜ!!!

SANJI RECIPE

ちゃんとだしをとる、
大人も喜ぶ極上うどん

[材料] 2人分
うどん…2人分　油揚げ…2枚
長ねぎ…1/3本
＜混合だし＞
水…1000㎖　昆布…1枚(10cm角)
いりこ…5g　かつおぶし…20g
＜汁＞
混合だし…700㎖　しょうゆ…大さじ1/2
みりん…大さじ1　塩…小さじ1と1/2
＜油揚げの煮汁＞
混合だし…250㎖
しょうゆ…大さじ1　砂糖…大さじ1
塩…ひとつまみ

[作り方]
＜混合だしで作る汁＞
①いりこは頭とはらわたを取り(E)、昆布と水を入れた鍋に入れ、30分以上浸す。
②①を中火にかけ、沸騰直前でいりこと昆布を取り出し、かつおぶしを加えて火を止める。かつおぶしが沈んだらこす。
③鍋に②の混合だし、しょうゆ、みりん、塩を入れてひと煮立ちさせる。
＜油揚げ＞
④ザルに油揚げを並べ、湯をかける(F)。少し冷めたら水気をしぼり、半分に切る。
⑤小鍋に油揚げの煮汁の材料を合わせて火にかける。ひと煮立ちしたら、④の油揚げを加え、アルミホイルなどで落としブタをし、弱火で約15分煮る。煮汁がほぼなくなるまで煮詰めたら、火を止め、味をなじませる。
＜仕上げ＞
⑥ゆでたうどんを器に盛り、温めた汁をかけ、油揚げと刻んだ長ねぎをのせる。

D

E

F

COMIC EPISODE
女人国アマゾン・リリーの出航前夜。女だらけの宴へ加わり、ルフィはひたすら舌鼓を打つ。この島の周辺は巨大海洋生物・海王類の巣に位置する為、豪快な料理が名物となっているのだ。（巻五十三／第522話）

海王類入り。ペンネゴルゴンゾーラ

A  **B**

SANJI RECIPE

2種のチーズ入り濃厚パスタ

[材料]　2人分
ペンネ…180g　ハム…2枚
牛乳…100mℓ　生クリーム…100mℓ
ブルーチーズ…50g
パルメザンチーズ（粉末）…大さじ2〜3
黒こしょう…少々
イタリアンパセリ…適量

[作り方]
① 1500mℓの湯（分量外）を沸かし、塩（15g
　分量外）を加え、袋の表示よりも1分短
　めにペンネをゆでる。ハムは5mm幅に
　切る。
② フライパンに牛乳、生クリームを入れて
　ペンネがゆであがる2分前に中火にかけ
　る。ちぎったブルーチーズを混ぜ(A)、
　半分とけたら、ペンネ、ハムを加えて1
　分ほど煮てパルメザンチーズを加え、和
　える (B)。
③ 仕上げに黒こしょうを加え、粗く刻んだ
　イタリアンパセリを散らす。

ブルーチーズの破壊力を味わえ!!!

ピック使いがポイントだぜ

レディ限定未だかつてない
タコ焼き

船は一時

謎の土地ジャヤを目指す―

夢見てんじゃないわよ

よォし野郎共行くぞ!!!
"肉の国"ジャヤへ!!!

おう!!!

ナミさんロビンちゃん

レディ限定未だかつてないタコ焼き出来たよォ〜〜〜

COMIC EPISODE

〝空島〟への手がかりを求め、一味は沈没船を探索。引き揚げたガラクタから生タコが顔を出し、サンジがさっそく調理する。野郎共には普通のタコを詰め、レディ達には溢れる愛も詰め込んだ。(巻二十四／第222話)

SANJI RECIPE

揚げ玉のかわりに油揚げ入り
ヘルシータコ焼き!

[材料] 20〜30個分
ゆでダコの足…100g
薄力粉…140g　片栗粉…10g
紅しょうが…15g　油揚げ…1枚
万能ねぎ…2本　水…500㎖
卵…1個　粉かつお…小さじ1
塩昆布(刻んだもの)…大さじ1/2
塩…小さじ1/2　サラダ油…適量
ソース・ポン酢・青のり・かつおぶし
・万能ねぎ…各適量
※塩昆布、粉かつおがなければ、水を基本
　だし(昆布とかつおの合わせだし P94 参
　照) 500㎖に変える。

A

B

[作り方]

①薄力粉と片栗粉を合わせてふるっておく。ゆでダコは1cm程度の乱切りに、紅しょうがはみじん切りにする。油揚げはキッチンペーパーではさんで余分な油を取って粗みじんに切り、万能ねぎは小口切りにする。

②水と卵を混ぜ合わせ、塩昆布、粉かつお、塩も加えてよく混ぜる。薄力粉と片栗粉を加え、ダマがなくなるまで混ぜる。

③タコ焼き用の鉄板にサラダ油を塗り、②の液体をひたひたに流し入れる。鉄板の穴ひとつにつきタコを1個入れ、紅しょうが、油揚げ、万能ねぎをまんべんなく散らす(A)。

④鉄板の端の生地が固まってきたら、ピックを使って90度ずつひっくり返しながら焼く(B)。

⑤お好みでソース、ポン酢、青のり、かつおぶし、万能ねぎをかけて食べる。

あら

さりデザート

レディのための一品だ!

たらふく食った後は、やっぱりデザートだろ!? 簡単なものから、特別に手のこんだものまでレディ達のハートを一瞬でとろかすラインナップだ。ちゃんと作れるようになれば、人生、バラ色間違いなしだぜ!!

モックタウンのチェリーパイ

モックタウンの
チェリーパイ

フルーツをのせた手作りタルト

[材料] 直径21㎝のパイ皿1台分
＜生地＞
薄力粉…60g　強力粉…60g
バター(有塩)…80g　牛乳…10g
卵…1/2個　グラニュー糖…15g
打ち粉…適量
＜カスタードクリーム＞
卵黄…2個分　グラニュー糖…65g
コーンスターチ…10g　薄力粉…10g
牛乳…230㎖　レモン汁…大さじ2
バター(有塩)…20g
アメリカンチェリー…18粒

COMIC EPISODE

空島の情報収集の為に立ち寄ったモックタウンの酒場。ルフィは、隣に座る男と同じものを食べたが、二人が同時に発した感想は、正反対だった！ 味覚の違いに妙な対抗心が生まれた!?
(巻二十四／第223話)

A

B

[作り方]

① 生地を作る。薄力粉と強力粉は合わせて
ふるい、バターは1㎝角に切り、ともに
冷蔵庫で冷やしておく。牛乳、卵、グラ
ニュー糖もボウルに入れてよく混ぜ、冷
蔵庫で冷やしておく。

② 粉が入っているボウルにバターを入れ、
カードで切りながらボロボロにする(A)。
①の卵液を注ぎ、ヘラなどを使ってひと
まとめにし、オーブンシートかラップで
くるみ、冷蔵庫で30分〜1時間休ませる。

③ オーブンシートに生地をのせ、さらにオ
ーブンシートを重ねたら、麺棒でパイ皿
より一回り大きくなるようのばす(B)。

④ パイ皿に生地をのせてぴったり敷き詰め
たら、打ち粉をしたフォークの背でふち
を1周分とめる(C)。はみ出た部分はナ
イフで切り落とし、底にフォークで10ヶ

所ほど穴をあける。オーブンシートを敷
き、重石をのせる(D)。

⑤ 200℃に予熱したオーブンで15分、重石
を外し、温度を180℃に下げてさらに15
分焼く。ケーキクーラーの上で冷ます。

⑥ 鍋に卵黄、グラニュー糖、コーンスター
チ、薄力粉、牛乳を入れよく混ぜる。火
にかけ、とろみがつくまでかき混ぜる(E)。
火からおろし、バター、レモン汁を加え、
なめらかになるまで混ぜる。粗熱がとれ
たら、パイ生地に流し込む。

⑦ アメリカンチェリーの茎を取って半分に
切り、種を取り出す。カスタードクリー
ムの上にのせ、冷蔵庫で冷やす。

C   D   E

SANJI RECIPE

少ない材料で作れる素朴なプリン

シンドリーちゃんの プリン

[材料] 100mℓのプリンカップ5個分
卵…3個　砂糖…大さじ6　牛乳…390mℓ
バニラビーンズ…1/3本
(バニラエッセンスでもOK)
＜カラメルソース＞
砂糖…大さじ3　水…大さじ2

[作り方]
①カラメルソースを作る。フライパンに砂
　糖と水(大さじ1)を入れて中火にかける。
　フライパンをゆすり、カラメル色になっ
　たら(A)、水(大さじ1)を加える。プリン
　カップの底に流し入れ、冷蔵庫で冷やす。
②バニラビーンズは包丁でしごいてサヤか
　ら種を出す(B)。牛乳とバニラビーンズを
　小鍋に入れ、50℃になるまで温める。
③ボウルに卵を割り入れてほぐし、砂糖を
　加えて混ぜる。②を注ぎ、混ぜてから茶
　こしやザルでこす。
④①のカラメルが固まったら、③の卵液を
　流し入れる。スプーンで表面の泡を取り、
　アルミホイルでフタをする。
⑤湯気の上がった蒸し器に④を入れ、蒸し
　器とフタの間に隙間ができるように菜箸
　をはさみ(C)、弱火で15分～20分蒸す。
　竹串を刺し、固まっていたら、粗熱をと
　って冷蔵庫で冷やす。

COMIC EPISODE
ナミ、ウソップ、チョッパーは、ドクトル・ホグバックの屋敷を訪れる。屋敷の使用人・シンドリーは、不幸な過去が原因でお皿が大嫌い。柔らかいプリンも、お皿を使わず、直接テーブルの上へ！(巻四十六／第446話)

A
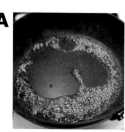

B
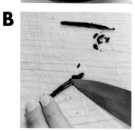

C

カラメルに命を賭けろ!!

ガン・フォールの
かぼちゃジュース

SANJI RECIPE

ミルクたっぷりのかぼちゃオレ

[材料] 3〜4杯分
かぼちゃ…約1/4個(正味300g)
水…300㎖　はちみつ…大さじ2
グラニュー糖…大さじ2(お好み)
牛乳…適量

[作り方]
①かぼちゃは種と皮を取り除き、1cm厚に
　切る。小鍋に入れ、水を加えフタをして
　中火で煮る。柔らかくなったら火を止め、
　粗熱をとる(A)。
②①を汁ごとミキサーに入れ、はちみつ、
　グラニュー糖を加えてかくはんし、冷蔵
　庫で冷やす。
③グラスに②を入れたら静かに牛乳を注ぎ、
　混ぜながら飲む。ホットでもおいしい。

COMIC EPISODE

ガン・フォールは、神に命を狙われたコニスを家にかくまい、畑で採れたカボチャのジュースをご馳走する。カボチャは実は〝大地〟と共にやってきた野菜で、空島には元々存在しないものだ。(巻二十七／第247話)

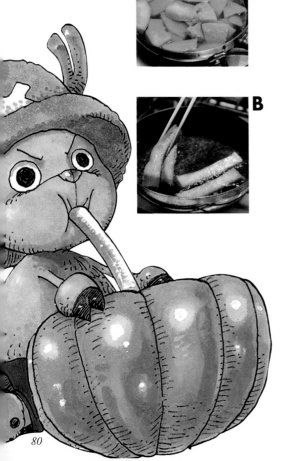

A

B

ルフィとゾロが好きな
パンの耳

SANJI RECIPE

おしゃれな洋風揚げパン

[材料] 作りやすい分量
パンの耳…食パン(6枚切り)6枚分
シナモンシュガー…適量　練乳…適量
揚げ油…適量

[作り方]
①170℃に温めた揚げ油にパンの耳を入れ、
　きつね色になるまで約1分30秒揚げる(B)。
　網とペーパータオルを敷いたバットに取
　り出し、油をきる。
②パンの耳に、お好みでシナモンシュガー
　をまぶしたり、練乳をつけながら食べる。

COMIC EPISODE

上空1万mの〝白海〟から元の〝青海〟へ戻った麦わらの一味。空島の余韻に浸る中、キッチンではサンジがサンドイッチを支度中。切り落として余ったパンの耳は、おやつとしてゾロのもとへ。(巻三十二／第303話)

80

ガン・フォールのかぼちゃジュース

ルフィとゾロが好きなパンの耳

運だめしの
爆弾リンゴ

紅玉りんごが
おすすめです

SANJI RECIPE

トースターでできる焼きりんご

[**材料**] 2人分
りんご…2個
シナモンスティック…1〜2本
レモン汁…小さじ2
カルダモン…4粒
バター…20g
グラニュー糖…小さじ4

[**作り方**]
①りんごは横半分に切り、スプーンで種と
　芯をくりぬく(A)。シナモンスティック
　は3cm程度に折り、焦げにくくなるよう、
　水でしめらせておく。
②りんごにレモン汁、カルダモン、バター
　を入れ、シナモンスティックを刺す。
③表面にグラニュー糖をまんべんなくかけ、
　底から切り口までをアルミホイルで包み
　（B）、オーブントースターで20分焼く。

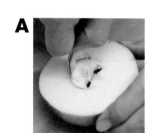

A

B

うんっ
甘くて
おいしい
♡

おりんごじゃん

いただきます

オイオイ食うな食うな食うな!!

COMIC EPISODE

見知らぬ男が差し出したりんご
をルフィがバクリ。その瞬間、近
くで爆発が。実はりんごに爆弾
が入っており、食べたら吹き飛
ぶ仕掛けになっていた。ルフィ
は本物のりんごを食べて命拾い。
（巻二十四／第223話）

COMIC EPISODE

コックを求めて訪ねた、海上レストラン「バラティエ」。そこでルフィはサンジと出会った。女好きのサンジは、オーナーと喧嘩をした直後でも、騒ぎのお詫びにと、ナミにだけデザートを給仕する。(巻六／第46話)

おわびのフルーツの
マチェドニア

SANJI RECIPE

大人味のフルーツポンチ

[材料]　4人分
オレンジ…1個
パイナップル…1/4個 (正味200g)
いちご…6粒　バナナ…1本
レモン汁…大さじ1〜2
リキュール (キルシュなど)…30㎖
グラニュー糖…大さじ2
ミント…適量

[作り方]
①オレンジは皮をむき、包丁で房から実を取り出す(A)。房に残った果汁も絞ってとっておく。パイナップルは皮をむき、芯を取り除いて一口大に切る。いちごはヘタを取り、縦半分に切る。
②①の果物をボウルに入れ、オレンジの絞り汁、レモン汁、リキュール、グラニュー糖を加えてさっと混ぜ、冷蔵庫で1〜2時間冷やす。
③食べる直前にバナナを1cm厚の輪切りにし、②と混ぜて器に盛る。ミントを飾る。

A

世界中のレディに作ってあげてェ!!!

オイオイ…
何個作っても一瞬で
なくなっちまう

アントニオの
グラマン
(グランドライン)
(偉大なる航路饅頭)

SANJI RECIPE

栗と小豆入りの蒸しパン

[材料]　直径7.5㎝×高さ3㎝の紙カップ 8個分
薄力粉…120g
ベーキングパウダー…小さじ1と1/2　砂糖…60g
サラダ油…大さじ1
卵…1個
牛乳…(卵1個と合わせて)120㎖
粒あん(市販品)…160g
栗の甘露煮…4粒

[作り方]

①栗の甘露煮は半分に切る。卵と牛乳を合
　わせて120㎖に計量し、砂糖、サラダ油
　を加えてよく混ぜる。

②薄力粉とベーキングパウダーをふるって
　①の卵液に加え、泡立て器で粉っぽさが
　なくなるまで混ぜる(A)。

③プリン型に紙カップを敷き、半分の高さ
　までスプーンで生地を流し入れ、粒あん
　を等分にのせる(B)。残りの生地も等分
　に入れ、栗の甘露煮を1個ずつのせる。

④湯気の立った蒸し器にカップを並べ、フ
　タをして強火で約10分蒸す。竹串を刺し、
　何もついてこなければできあがり。

A 　**B**

COMIC EPISODE
ブルックのスカルジョークを無
視しながら、シャボンディ諸島
を散策。おいしい匂いに誘われ
て、ルフィは土産屋に寄り道す
る。店先に出ていた試食を勢い
よく全て食べ漁り、店主を困ら
せた。(巻五十一／第497話)

Sanji's Eye—1

最後に数々の料理に挑戦してきたおれの中で、最もスペシャルな秘技と秘話を披露しよう。じっくり読んでくれ。

尾田先生大好物の シーチキン®おにぎり

SANJI RECIPE

ひと手間かけた秘宝おにぎり

[材料]　約6個分
ご飯…2合分
シーチキン®…1缶(80g)
味噌…大さじ1
砂糖…小さじ1/3
長ねぎ…5㎝分
のり…適量
塩…適量

[作り方]
①長ねぎはみじん切りにする。シーチキンの油を軽くきり、中火で熱したフライパンで炒め、味噌、砂糖を加えて混ぜる。長ねぎを入れてひと混ぜし、火を止める(A)。
②手に軽く水(分量外)と塩をつけ、①を中に入れて(B)おにぎりを握り、適度な大きさに切ったのりを巻く。

A

B

中身はこうなる!

うちの船長も
よく食うぜ〜

Sanji's Eye −2
ONE PIECE 仕事場飯パパラッチ!

one

four

three

two

大勢でピザパーティー

おーっ、たっぷりかかった
チーズがいかにもうまそうだ。
サイドディッシュに
フライドチキンもついていて
こんなボリューム飯なら、
野郎共も満足だろう。

**中華屋の
激辛ラーメン**

おれも辛口は嫌いじゃねェが
これは見るからに火噴きそうだ。
でも案外こういう味は後引いて
全部飲み干しちまうかもな。
麺は歯ごたえがありそうな太麺。
エネルギー補給もぬかりなしだ。

大皿パエリア三昧

ん? 手前がアサリとイカ墨で、
奥はシーフードとベーコンか?
これだけバリエーションがあれば
飽きずにガンガン食えるし、
飯ものは腹持ちがいいから
仕事場飯にはピッタリじゃねェか。

色々トッピングのカレー

カツカレーは、結構メジャーな
食いもんだが、これはそれに
チーズとほうれん草を
トッピングした豪快メニュー。
一品で色々な素材を楽しめるのは
まさにカレーの特権だな。

助っ人いっぱい集めて
パスタパーティー

おれは海鮮辛口パスタが
好物だが、尾田もさすが、
イクラやボンゴレパスタが
好みのようだ。タンドリーチキン、
この量、うちのクルーには
足りないかもな。

seven

six

好物　カップ麺！

カップ麺というのは、なぜだか
時々、無性に食いたくなる。
しかも手軽だから、超多忙な
仕事場には欠かせないだろう。
ただしコックとして言わせて
もらえば、野菜も食ってくれよ。

five

定食屋の焼き肉弁当

濃厚そうなタレがかかった
ジューシーな焼き肉。さらに
エビフライ、コロッケ、唐揚げ、
おまけに定食屋定番の
ポテトサラダまで満載とは。
スタミナ弁当の代表格だ。

男どもの飯は
どいつも
ガッツリして
やがるぜ！

Sanji's Eye—3

見た目も栄養的にも バッチリだ!!

腹に優しい味噌風味おじや

風邪を引いたり腹こわしたりした時に、よさそうなアツアツメニューだな。一気に体が温まりそうだ。しかも豆腐や卵入りなら、栄養面でも心配なしだ。

うささんのお風呂カレーライス

おっ、カレーでもこんなに楽しい盛り付け方があったとは。うさぎもかなり気持ちよさそうにカレー風呂につかっていて、食べるのが惜しい……。

ぶり大根＆肉じゃが御膳

ぶり大根も肉じゃがもいい色に煮付けられている。どちらも煮崩れやすい料理だが、これは色も形も美しく、飯がどんどん進んじまいそうだ。

たっぷり野菜とササミのタジン鍋

ヘルシーな蒸し料理だな。葉物、根菜、かぼちゃ、きのこまで入って日頃の野菜不足も一気に解消できるんじゃネェか。ダシはしょうゆだって？ カロリーも低そうで結構だ。

尾田家の家庭料理パパラッチ!

好物竹の子入り煮物弁当
仕事場の差し入れ弁当か。尾田が好物の肉と竹の子がたっぷりだ。おれもレディにだす時こだわるが、料理は見た目も重要。これは色もバランスも抜群の出来だ。

アクティブな流しそうめん
なんだ？ 妙に楽しそうな食卓だな。この装置、うちの船長が見たら、絶対欲しがるぞ。具沢山でうまそうなつゆは、冷温２種類だと？ 憎い心配りだな。

セサミブレッドサンドイッチ
焼きたてのごまつきパンに新鮮な野菜、ハム、フルーツ。ナミさんやロビンちゃんにも食べさせてェー品だ。脂っこい食事が続いた時は、こんな軽い食事がいいな。

本格派！ 炭火焼き鳥
炭で焼き鳥とはおつなもんだ。しかもバーナーで焼き色までつけるとはただもんじゃねェ。ネギマ、つくね、尾田お気に入りのぼんじりまであるのか。焼き鳥屋、顔負けだな。

自慢のだしだ!!!

Sanji's Eye-4
一流料理人の基本だしのとり方

昆布とかつおの合わせだし

かつおのイノシン酸と昆布のグルタミン酸が合わさって強い旨味に。冷蔵なら密閉容器に入れて2日、冷凍なら1週間保存可。

●材料(約1000mℓ分)　水…1200mℓ　昆布…1枚(10cm角)　かつおぶし…20g

●作り方　①昆布を水に30分以上浸しておく(1)。②中火にかけ、沸騰直前に昆布を取り出す(2)。③かつおぶしを入れたら(3)、火を止める。それが沈んだら、ザルでこす。

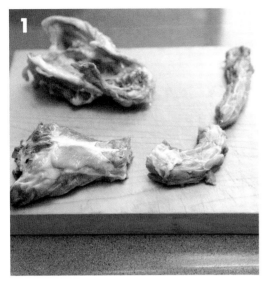

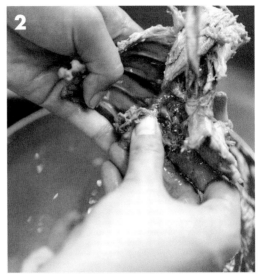

鶏ガラスープ

カレーやポトフなどのベースに使えばウマさ倍増。冷蔵は2日、冷凍なら1週間保存可。

●材料(約2600㎖分)　鶏ガラ…2羽分　水…3000㎖　くず野菜(長ねぎの青い部分、人参の皮、しょうがなど)…150g

●作り方　①鶏ガラは水洗いし、首骨を3等分に切る(1)。②沸騰した湯(分量外)に①を入れ、表面が白っぽくなったら水にとり、血や汚れを洗い流す(2)。③水と鶏ガラ、野菜を鍋に入れて中火にかける。沸騰したらアクを取り(3)、弱火で40〜60分煮る(4)。味をみて、だしが出ていたら、さらしなどをかけたザルでこす(5)。

料理監修　飯島奈美

東京生まれ。フードスタイリスト。TVCM、広告を中心に、映画『かもめ食堂』『深夜食堂』『海街diary』などのフードスタイリングを担当。著書に『LIFE なんでもない日、おめでとう！のごはん。』(ほぼ日)、『ご飯の島の美味しい話』(幻冬舎)、『沢村貞子の献立　料理・飯島奈美』(リトルモア)などがある。

通常版（付録なし）
ONE PIECE PIRATE RECIPES
海の一流料理人
サンジの満腹ごはん

2020 年 7 月 8 日　第一刷発行
2024 年 8 月 6 日　第九刷発行

著者　　　　　SANJI
発行・編集人　海老原美登里
発行所　　　　株式会社　集英社
　　　　　　　〒101-8050　東京都千代田区一ツ橋 2・5・10
電話　　　　　03(3230)6399(編集部)
　　　　　　　03(3230)6393(販売部・書店専用)
　　　　　　　03(3230)6080(読者係)
印刷・製本　　TOPPAN 株式会社

撮影　　　　　　　　　　　　　　齋藤圭吾

料理監修＆製作・スタイリング　　飯島奈美 [(株)7days kitchen]
料理助手　　　　　　　　　　　　板井うみ　岡本柚紀　見澤夢香 [(株)7days kitchen]

アートディレクション＆デザイン　村沢尚美 [NAOMI DESIGN AGENCY]
レイアウトアシスタント　　　　　宮崎恭子 [NAOMI DESIGN AGENCY]

校正　　　　　　　　　　　　　　みね工房

ライター　　　　　　　　　　　　広沢幸乃 [レシピ分]
編集協力　　　　　　　　　　　　萩原勲　藤下元気

造本には十分注意しておりますが、印刷・製本など製造上の不備がありましたら、お手数ですが小社「読者係」までご連絡ください。古書店、フリマアプリ、オークションサイト等で入手されたものは対応いたしかねますのでご了承ください。なお、本書の一部あるいは全部を無断で複写・複製することは、法律で認められた場合を除き、著作権の侵害となります。また、業者など、読者本人以外による本書のデジタル化は、いかなる場合でも一切認められませんのでご注意ください。

Printed in Japan　©SHUEISHA　ISBN 978-4-08-333162-6　C2077
© 尾田栄一郎／集英社

〈注意〉
この本は、2012年に発行した
「特別付録 サンジの限定シリコンマットつき
海の一流料理人 サンジの満腹ごはん」
の特別付録がついていない通常版です。
レシピ、内容はすべて上記と同じものになります。